Elefanten

Text von Angelika Krempl und Anne Thomas

Illustriert von Gregor Schöner

Im Zirkus oder im Zoo kannst du sie in voller Größe bewundern.

Zu Hause sind sie aber in Afrika und Asien. Das ist sehr weit weg.

Dort leben sie in Herden zusammen.
Eine Herde ist wie eine große Familie.

Afrikanischer Elefant

Die Elefanten in Afrika sehen anders aus als die in Asien. Du erkennst sie zum Beispiel an ihren großen Ohren.

Asiatischer Elefant

Elefanten fressen sehr viel. Mit ihrem Rüssel zupfen sie Gras, Blätter und süße Früchte ab.

In der Heimat der Elefanten ist es sehr heiß. Wie angenehm ist da ein kühles Bad! Auch kleine Elefantenkinder können schon schwimmen.

Als kühlende Dusche benutzen Elefanten ihren Rüssel.

Mit den großen Ohren wedeln sie sich frische Luft zu.

Und manchmal stellen sie sich einfach in den Schatten.

Mit ihrem Rüssel riechen die Elefanten. Sie beschnuppern sich damit auch gegenseitig.

Elefanten haben großen Durst. Sie trinken jeden Tag eine halbe Badewanne voll Wasser!

An ihren Füßen wächst den Elefanten eine dicke Hornhaut – fast wie eine feste Schuhsohle.

Kaum zu glauben! Dieser Meeresbewohner ist mit den Elefanten verwandt. Es ist eine Seekuh.

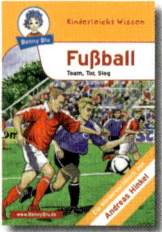

Auch im Programm ...
Wissensbücher mit Benny Blu ab 5 Jahren.

Zum Beispiel zu den Themen:

Ägypten – Leben am Nil
Ballett – Pirouetten, Tutu und Spitzentanz
Benehmen – Bitte, danke, gern geschehen
Delfine – Schlaue Schwimmer
Dinosaurier – Faszinierende Urtiere
Eisenbahn – Von der Pferdebahn zum ICE
Erde – Unser Lebensraum
Feuerwehr – Löschen, retten, bergen, schüt
Flugzeuge – Vom Gleiter zum Airbus
Fußball – Team, Tor, Sieg
Indianer – Wigwam und Büffeljagd
Katzen – Schnurren oder kratzen
Klavier – Vom Clavichord zum Keyboard
Körper – So funktioniert er
Lerntipps – Leichter lernen
Mensch – So hat er sich entwickelt
Pferde – Schön, schnell und stark
Piraten – Räuber der Meere
Polizei – Hilfe, Schutz, Verbrecherjagd
Raumfahrt – Reisen ins All
Ritter – Lanze, Ross und Reiter
Schule – Lesen, schreiben, rechnen
Vulkane – Feuerspeiende Berge
Wald – Mehr als nur Bäume
Weltall – Sterne und Planeten

... und viele weitere Titel.